AF322596

El Camino a La Redención

Encontrando Esperanza, Gracia y Restauración en el Amor Inquebrantable de Dios

Tony Mejia

El Camino a La Redencion

AGRADECIMIENTOS

Me gustaría expresar mi más sincero agradecimiento a mi esposa por su apoyo inquebrantable durante todo el proceso de escribir este segundo libro. Ella ha sido un gran apoyo y ha desempeñado un papel crucial en mi crecimiento personal. También quiero agradecer a mis hijos por siempre creer en mí. La vida no ha sido fácil, pero he aprendido la importancia de rodearme de personas que fomentan el progreso y me ayudan a alcanzar mis metas. En momentos en que la vida presenta obstáculos, contar con el sistema de apoyo adecuado marca la diferencia. Estoy especialmente agradecido por colocar a Dios en el centro de todo. Extiendo mis gracias a mis pastores por estar ahí para nosotros y por su inquebrantable creencia en nosotros mientras caminamos en el camino de Dios. Espero y rezo para que aquellos que se identifiquen con mi historia comprendan que nunca es demasiado tarde para levantarse y dejar que Dios tome el control.

Por último, quiero expresar mi profundo agradecimiento a mis padres, Julio Mejía y Zelandia Mauricio, por estar a mi lado en todas las dificultades, altibajos y pruebas. Ellos son una parte significativa de mi testimonio y siempre los apreciaré y amaré.

Para proteger la privacidad, los nombres de todas las personas mencionadas en mi testimonio han sido cambiados para evitar cualquier forma de reconocimiento.

CONTENTS

TONY MEJÍA
EL CAMINO
a la
Encontrando Esperanza, Gracia y Restauración
en el Amor Inquebrantable de Dios

Prologo

Al leer este libro escrito por mi esposo, Tony Mejía, en cada capítulo encontrarás un testimonio vivido. Desde lo más profundo de su corazón, él quiso compartir con cada uno de ustedes experiencias vividas muy personales que marcaron su vida de una u otra manera.

Tony nos cuenta diferentes vivencias o etapas de su vida lejos de Dios y la reconciliación. En su trayectoria de haberse alejado de Dios en un momento de su vida, experimentó miedos, desesperanza, desánimo, duda, entre otras cosas, llegando a un punto en el que se cansó de vivir una vida vacía y decidió entregar su corazón a Dios una vez más. Desde ese momento, Dios ha traído a su vida gozo, paz, felicidad y, sobre todo, la promesa de una vida eterna. Vivir para Dios es un llamado a vivir una vida llena de amor, compasión y aceptación por los demás. Sé que muchas podrán identificarse al leer este poderoso testimonio. Tony nos quiere hacer saber que no importa cuántas veces caigas, siempre puedes volver a levantarte. Dios te espera con brazos abiertos para restaurarte.

Heidy Mejía

El Camino a La Redencion

Nueva Vida En Cristo

Mi vida ha experimentado una notable transformación para mejor. Desde que profundicé mi relación con Dios, he experimentado un profundo sentido de plenitud. Todo en Florida parece diferente ahora que he entregado mi vida a Cristo. He dejado atrás mis antiguos hábitos de beber, consumir drogas y vivir egoístamente, y ahora me esfuerzo por vivir de acuerdo con la voluntad de Dios. Mi mayor deseo es estar en la presencia de Dios, y al reflexionar sobre mi camino, recuerdo las sabias enseñanzas de mi abuela. Ella solía hablarme sobre la importancia del ayuno, la oración, la lectura de la palabra de Dios y la humildad ante Él. Estas prácticas me han ayudado a mantenerme conectado con Dios y a abrazar una forma de vida espiritual. Realmente siento que soy una persona completamente nueva.

Un pasaje que me resonado es 2 Corintios 5:16–17, que dice: "De manera que, nosotros de aquí en adelante a nadie conocemos según la carne; y aun si a Cristo conocimos según la carne, ya no lo conocemos así. De modo que, si alguno está en Cristo, nueva criatura es; las cosas viejas pasaron; he aquí todas son hechas nuevas". A veces, este verso puede entenderse incorrectamente como enfocado únicamente en creyentes individuales que son hechos nuevos en Cristo. Sin embargo, también es importante considerar Romanos 12:2, donde se nos recuerda no conformarnos a los patrones de este mundo, sino ser transformados mediante la renovación de nuestra mente. A través de esta transformación, podemos discernir la voluntad de Dios y vivir de una manera que sea buena, aceptable y perfecta.

Otro pasaje impactante se encuentra en Juan 3:1-8, donde Jesús entabla una conversación con Nicodemo. En esta discusión, Jesús enfatiza la necesidad de un nuevo nacimiento espiritual para poder entrar en el reino de Dios. Jesús explica que ser nacido de nuevo implica ser nacido del agua y del Espíritu. Así como lo que nace de la carne es carnal, lo que nace del Espíritu es espiritual. Este pasaje refuerza la noción de transformación y de nacer de nuevo en Cristo.

Estos versículos enfatizan el llamado a someternos a un viaje transformador. Nuestro viejo ser ha pasado, y se nos llama a abrazar nuestra nueva identidad en Cristo.

Ya no podemos ofrecer excusas ni seguir viviendo como antes. Personalmente, he presenciado un fuerte contraste entre mi vida anterior y la vida que ahora llevo en Cristo. Mientras solía ser impulsado por deseos carnales, ahora me siento compelido por los impulsos del Espíritu Santo. Acercarme a Dios ha sido una experiencia asombrosa, y la intimidad que he desarrollado con Él es algo que nadie puede arrebatarme.

Al comienzo de mi caminar con Cristo, podía escuchar claramente Su voz. Aunque esto pareciera extraño para otros, yo sabía sin lugar a duda que estaba en comunión con Dios y que Él me escuchaba. Sin embargo, al embarcarme en este nuevo viaje espiritual, también encontré desafíos. Me encontré en batallas espirituales, aprendiendo a navegar en una forma completamente nueva de vivir. En mi apartamento, experimenté encuentros inquietantes con lo que parecían ser fuerzas demoníacas. Cada vez que me quedaba dormido, despertaba con la sensación de que alguien me vigilaba amenazadoramente. Encendía rápidamente la luz, respirando agitadamente, solo para descubrir que no había nadie. Este miedo escaló hasta el punto en que sentí la obligación de dormir con la luz encendida.

A medida que continúo en este camino, se me recuerda que el crecimiento espiritual a menudo viene acompañado de momentos de adversidad. Sin embargo, firmemente creo que la presencia de Dios en mi vida me ha dado la fuerza para vencer estos desafíos. Estoy agradecido por la transformación que ha tenido lugar y por la nueva vida que he encontrado en Cristo.

Recuerdo vívidamente la disciplina y orientación proporcionada por mi hermano en Cristo, quien dedicó su tiempo a enseñarme sobre caminar con Dios. Él oraba constantemente por mí y me recordaba que el enemigo estaba angustiado por perder un alma. Anteriormente, la Biblia me parecía incomprensible, pero inexplicablemente, empecé a comprender sus enseñanzas. A medida que mi batalla espiritual se intensificaba y los desafíos intimidantes se materializaban, una sensación de paz sin precedentes me envolvía. Me propuse proteger esta paz recién descubierta a cualquier costo, siguiendo el consejo de mi abuela de participar en ayunos y oraciones fervientes.

Un día en particular, me senté a ver "La Pasión de Cristo", anhelando presenciar de primera mano la magnitud del sacrificio de Jesús por la humanidad. Conmovido por una abrumadora emoción, las lágrimas caían por mi rostro mientras expresaba una profunda gratitud por la salvación de Jesús y el perdón de mis pecados. De repente, durante la escena que representaba el inminente sacrificio de Jesús, un sonido ominoso emanó de mi puerta, como si alguien intentara entrar por la fuerza. Sobresaltado, me levanté de un salto y abrí la puerta, solo para encontrarme con nadie allí. Perturbado por este inquietante suceso, contacté inmediatamente al hermano de mi iglesia y le relaté el incidente. Alarmado, él me aconsejó: "Debo ir a tu casa y ungirla; el enemigo está tratando de infundir miedo en ti."

A su llegada, el hermano inició una poderosa sesión de oración, resaltando la necesidad de purificar mi morada de cualquier vestigio de mi vida pasada. Comprometido con mi transformación, deseché cualquier rastro de drogas. Esta experiencia fue extraordinaria. Antes de abrazar a Cristo, permanecía ajeno a la existencia del ámbito espiritual, pero ahora, a través de mi fe, su realidad se volvió irrefutable.

En Florida, una profunda sensación de soledad impregnaba mis días, lo que provocó una divina inspiración de empezar de nuevo en mi ciudad natal, Lawrence. En consecuencia, regresé a casa, donde encontré consuelo viviendo con mis padres. Al principio, mis padres mostraban escepticismo ante mi profunda transformación, pero poco a poco fueron testigos del impacto tangible que tenía en mi semblante: irradiaba un brillo interior. Mi vida tomó un nuevo rumbo, ya que mi enfoque principal se convirtió en la oración, dormir en el suelo, ayunar y sumergirme en la Palabra de Dios. Encuentros espirituales extraordinarios se volvieron comunes. Aunque estaban desconcertados por mi devoción inquebrantable, mis padres, junto con mi hermana Nana, comenzaron a acompañarme a la iglesia, creando un ambiente de adoración colectiva. Todos abrazamos la misma música centrada en el evangelio, escuchamos sermones y participamos en estudios bíblicos familiares que se asemejaban a servicios miniatura celebrados en nuestro hogar.

Durante este período, me encontré asistiendo a dos

iglesias diferentes donde conocí a muchos jóvenes inspiradores que ardían por Dios. Participé con entusiasmo en diversos eventos y reuniones, pero pronto me di cuenta de que era hora de elegir una sola iglesia para llamarla hogar. Eventualmente, tomé la decisión de unirme a Ebenezer y comencé a asistir a clases de bautismo, un momento crucial en la transformación de mi vida. Aunque todavía conservaba mi antigua ropa y aretes, había un fuego innegable ardiendo en mi interior.

Fue durante un servicio especial con un reconocido predicador que tuve una profunda revelación. Esa noche, entendí que Dios quería que hiciera cambios significativos en cada aspecto de mi vida. De repente, ya no sentía el deseo de usar mis aretes o vestirme de una manera que reflejara un estilo de vida más urbano. Dios obró rápidamente y de manera visible en mi vida, y su favor era evidente para todos los que me observaban. Ser parte de una iglesia de habla española también me permitió mejorar mi dominio de mi lengua materna, que se había desvanecido con el tiempo debido a mi crianza en los Estados Unidos.

Era imperativo abordar algunas dudas persistentes con respecto a mis dos hijos, ambos de los cuales había engendrado con la misma mujer. Decidido a cerrar este capítulo, organicé pruebas de ADN durante el verano. Volé a Florida para recoger a mis dos hijos y los trajes de vuelta a Lawrence. Sin embargo, incluso antes de recibir los resultados, Dios estaba preparando mi corazón para la posibilidad de que mi hija no fuera biológicamente mía. Siempre había tenido dudas sobre mi hijo también, ya que se veía bastante diferente de su hermana. Dos semanas después de la prueba, recibí los resultados que confirmaban que el niño era, de hecho, mi hijo biológico, mientras que la niña no lo era. Aunque inicialmente luché con la negación, me di cuenta de que Dios me había estado preparando para esta revelación. Cuando regresé a casa, caí de rodillas, agradeciendo al Señor por su preparación y encontrando consuelo en su presencia durante un momento tan desafiante.

Motivado para seguir mejorándome, tomé la decisión de perseguir la educación. Me inscribí en un Instituto Bíblico y también trabajé para obtener mi GED. Por la gracia de Dios, completé con éxito ambos esfuerzos. Esto trajo una inmensa alegría a mis padres, quienes nunca antes me habían visto recibir un diploma. Celebraron con orgullo mis logros mientras caminaba por el escenario el 13 de junio de 2014 para recibir mi GED, y el 18 de junio de 2014 para el Instituto Bíblico.

Mientras reflexiono sobre este viaje, me aferro a las poderosas palabras de Filipenses 4:13: "Todo lo puedo en Cristo que me fortalece". Mi confianza inquebrantable en Dios ha revelado su fidelidad constante en mi vida, especialmente durante los momentos de debilidad, donde su mano poderosa me ha guiado y fortalecido consistentemente.

El Camino a La Redencion

Nueva Experiencia con Dios

Encontré un trabajo como operador de máquinas, ¡finalmente! Había encontrado una forma de ganar dinero legalmente. Sentí una fuerte sensación de responsabilidad al saber que finalmente estaba haciendo las cosas bien. Creía que Dios estaba complacido con mi decisión. Me convertí en líder de los jóvenes en mi iglesia. Había una pareja que servía como pastores de jóvenes, y nos hicimos muy cercanos. A pesar de tener 23 años, aún me consideraba parte de los jóvenes debido a mis experiencias pasadas creciendo en la calle. Había comenzado a los 13 años.

Mi vida espiritual estaba floreciendo y sentía un increíble amor por estar siempre en la presencia de Dios.

Sabía que esta era mi verdadera identidad y que mi vida ahora tenía un propósito en este mundo. El día de mi bautismo se acercaba rápidamente y no podía contener mi emoción. Los servicios de la iglesia estaban llenos de una energía intensa y la presencia de Dios era evidente. Al principio no entendía completamente, pero presenciaba a personas que danzaban en el espíritu y hablaban en lenguas. Los predicadores se acercaban con una poderosa palabra de parte de Dios, y también presenciaba a personas que caían bajo la presencia de Dios e incluso experimentaban manifestaciones demoníacas. Le pedí a Dios, preguntándole si me usaría si esto realmente era de Él. Quería experimentar las mismas cosas que los demás estaban experimentando.

Desde mi conversión, había estado testificando a todas las personas que conocía. Compartía acerca del poder de Dios y cómo había mostrado misericordia en mi vida, sacándome de las calles, las drogas y la industria musical. La gente quedaba profundamente impactada por mi transformación y a menudo me preguntaban acerca de la iglesia a la que asistía. Con gusto les proporcionaba la dirección y los horarios de los servicios. Un día, un predicador renombrado llamado Randy Island visitó nuestra iglesia. Tan pronto como tomó el micrófono y sonrió, la presencia de Dios llenó la habitación como nunca antes. En ese momento, supe que Dios me estaba llamando a predicar.

Finalmente, llegó el día de mi bautismo. La noche anterior, apenas pude dormir de la emoción. Me puse un traje que mi mamá me había comprado y me admiré en el espejo. Pensé para mí mismo: "Wow, ahora parezco un predicador". Cuando llegué a la iglesia esa noche, todos los que íbamos a ser bautizados estábamos presentes, junto con la congregación. El ambiente estaba lleno de anticipación. Nos pusimos túnicas blancas y mientras nos preparábamos, el equipo de adoración empezó a cantar. Sentí como si los ángeles llenaran la iglesia, siendo testigos de este momento sagrado. El momento había llegado, y finalmente era mi turno. Entré en el agua mientras el pastor oraba por mí. Al emerger, sentí una abrumadora sensación de cambio. Era como si Dios estuviera sonriendo desde arriba. Lágrimas corrían por mi rostro y podía sentir tangiblemente la presencia de Dios a mi alrededor.

Después de que todos terminamos de ser bautizados, la esposa del pastor tomó el micrófono y preguntó si alguno de nosotros quería compartir nuestras experiencias. Cuatro de nosotros, incluyéndome a mí, decidimos testificar. Cuando hablé y compartí un poco de mi testimonio, la gente estaba asombrada. No podían imaginar de dónde Dios me había sacado.

A lo largo de mi camino, a menudo experimentaba encuentros espirituales donde me sentía incapaz de hablar, como si alguien me estuviera presionando. En esos momentos, lo reprendía en mi mente y eventualmente me soltaba. Mi corazón latía rápido y mi respiración se volvía pesada. Sabía que el enemigo no estaba contento con mi nuevo acercamiento a Dios, considerando que lo había servido como títere durante muchos años.

Dios a menudo me revelaba sus planes a través de sueños, mostrándome, predicando a multitudes. Presencié a personas recibiendo liberación, sanidad y mucho más. Estos sueños me hacían consciente de que Dios me estaba preparando para cosas más grandes. Conforme mi fe crecía, me pidieron testificar en un servicio juvenil un viernes. Aunque estaba nervioso, quería ser obediente a la voluntad de Dios. En lo profundo de mi ser, oraba para que Dios me usara de acuerdo a las necesidades de su pueblo. Llegó el viernes y recuerdo que mi primera experiencia de predicar tuvo un impacto significativo. Muchas personas se conmovieron hasta las lágrimas durante mi sermón. En medio de ello, llamé a una persona y compartí una palabra de Dios con ella, lo cual resultó en que sus lágrimas fluían sin control. Esa noche, Dios me usó de formas que nunca pensé posibles. Muchos recibieron nueva fortaleza para la gloria de Dios a través de su poderosa palabra.

Los sueños que tuve sobre la predicación se hicieron realidad más rápido de lo que podría haber anticipado. Empecé a recibir invitaciones de varios lugares para compartir mi testimonio.

También fui testigo de cómo Dios comenzó a usarme en la profecía. Me encontré con individuos que estaban poseídos por espíritus demoníacos, y a través del poder del Espíritu Santo, fueron liberados. Al final del día, mi único deseo era ganar almas para Cristo. Recuerdo claramente que anhelaba hablar en lenguas, pero aún no había recibido el regalo. Cada vez que un predicador hacía una llamada al altar, alababa fervientemente a Dios, con la esperanza de que este fuera el momento en que recibiera el regalo. Sentí una sensación de tristeza cuando no sucedió, y me pregunté si había algo malo en mí. Aunque Dios permaneció en silencio, mi fe continuó creciendo cada día que pasaba. Creía firmemente que Dios estaba conmigo y que tenía planes increíbles en la tienda.

En un cumpleaños en particular, tomé la decisión de ayunar hasta las 6 p.m. Sentí como si Dios me estuviera preparando para algo importante esa noche. Después de terminar el trabajo, me duché rápidamente antes de reunirme con mis padres en el salón de belleza de mi madre. Habían planeado llevarme a comer por mi cumpleaños. Aunque tenía la intención de continuar el ayuno hasta que llegáramos al restaurante, me esperaba un encuentro inesperado en el salón.

Mientras saludaba a todos, una señora brasileña apareció aparentemente de la nada. Nuestros ojos se conocieron, pero algo en mi espíritu no se sentía bien. El Espíritu Santo me impresionó que necesitaba prepararme, ya que estaría liberando a esta mujer de la posesión. Al principio, empecé a reprenderla en silencio desde la distancia, pero Dios me animó a acercarme a ella y ofrecerme a rezar por ella. Milagrosamente, tan pronto como empezamos a hablar, una anciana de mi iglesia llegó al salón. Ella también se sintió llevada a estar allí. La invité a que se uniera a mí, y juntos empezamos a rezar por la joven.

Dios realmente trabaja de maneras misteriosas, porque tan pronto como comenzamos a orar, la mujer manifestó una reacción violenta. Todos los presentes en el salón se asustaron y se fueron apresuradamente. A pesar del caos, sentí una abrumadora sensación de autoridad y supe que Dios estaba conmigo. La mujer poseída se lanzó contra mí agresivamente, pero de repente se congeló y se derrumbó en el suelo. Ella comenzó a gritar, admitiendo: "Somos muchos demonios". Ordené a la legión de demonios en el nombre de Jesús que se aparta de su cuerpo. Nos llevó 45 minutos de ferviente oración liberarla. A medida que la levantamos, su semblante se había transformado por completo, evidencia del poder y la fuerza de Dios. Abrumada por la gratitud, lloró, y alabamos a Dios en ese momento.

Si bien estas experiencias fueron innegablemente bendiciones, no estuvieron sin su parte justa de batallas. Sin embargo, mi relación con Dios continuó creciendo, y Él continuó usándome como un recipiente para Su trabajo. En una ocasión, asistí a un servicio domiciliario donde muchas personas se conmovieron por mi testimonio y llegaron a aceptar a Jesús. Esto alimentó mi determinación y profundizó mi hambre y devoción por Dios. Durante un servicio juvenil, me dieron la oportunidad de predicar. Antes del servicio, busqué la guía de Dios, preguntándole qué quería que compartiera con su pueblo. Mientras entregaba el mensaje, una señora de la congregación comenzó a manifestar un comportamiento extraño. Se movió hacia el altar, contorsionándose la cara de una manera desconcertante. De repente, cayó al suelo. Después del servicio, testificó que cuando miró hacia arriba, vio a alguien vestido de blanco de pie detrás de mí. Me quede asombrado al darme cuenta de cómo Dios había colocado a Su ángel allí para mi protección. Estos son solo algunos de los notables testimonios que he presenciado mientras servía fielmente a Dios.

Otra experiencia profunda ocurrió cuando me embarqué en un ayuno de tres días, sobreviviendo únicamente en el agua, confinado al sótano. La primera noche pasó en silencio, pero me aferré a la fe, confiando en que Dios me hablaría. Finalmente, me embarqué en un viaje a la República Dominicana para predicar en doce iglesias. En el segundo día de mi ayuno, Dios me reveló que mientras oraba y buscaba Su presencia, Él estaba rompiendo simultáneamente cadenas dentro de mi familia. Al principio, no entendí todo el significado de Sus palabras, pero al completar el ayuno, descubrí que mi hermana había regresado a Dios después de retroceder. El tercer día del ayuno resultó ser diferente. Le pedí explícitamente a Dios un abrazo, y alrededor de las 3 a.m., sentí una presencia ardiente que me envolvía. Era como si alguien me estuviera abrazando, y me conmovió hasta las lágrimas. En ese momento, supe sin lugar a duda que Dios estaba conmigo, proporcionando un consuelo increíble y asegurándome de Su presencia. Estas experiencias representan solo algunos de los notables encuentros que he tenido mientras servía fielmente a Dios.

El Camino a La Redencion

Mi Caida

Dos veces al año, nuestra iglesia organizaba campamentos juveniles donde los jóvenes de toda la región de Nueva Inglaterra se reunían durante tres días de poderoso culto, mensajes inspiradores y conferencias dirigidas por diferentes iglesias y predicadores. Estas experiencias nos permitieron sentir realmente la presencia de Dios. La energía y la unidad se sentían como si estuviéramos caminando sobre las nubes, y cada vez que salía del campamento, volvía a casa renovado y en llamas por Dios.

Dios me abrió muchas puertas durante este tiempo. Me uní al ministerio de la prisión, y junto con los pastores juveniles, trajimos pequeños servicios a los hogares de las personas todos los miércoles. Mi vida espiritual estaba floreciendo, y mientras continuaba siguiendo la voluntad de Dios, Él me usó de maneras aún más profundas y profundas. Ser testigo de la restauración de la gente y la rotura de las cadenas fue una tremenda bendición.

El ministerio de la prisión fue particularmente impactante. Todos los domingos del mes, un hermano de mi iglesia y yo visitáramos la prisión para compartir nuestros testimonios y llevar la palabra de Dios a los reclusos. Podían relacionarse con mi historia, y estaban llenos de emoción cuando llegó nuestro momento de tener comunión con ellos. Vi a hombres conmovidos hasta las lágrimas, tocados por el poder de Dios. Todo lo que hicimos fue para glorificar a Jesús, y en ese entorno, me llamaron Pastor Tony.

Me casé y me convertí en padre de dos hijos, Analys y Josias, añadiendo a mi familia a Nathaniel, mi hijo mayor que vivía en Florida. Aunque exteriormente parecía que las cosas iban bien, mi vida familiar se volvió difícil porque la madre de mis hijos no compartía la misma visión que yo. Nuestra relación comenzó a desmoronarse, y buscamos asesoramiento en un intento de salvar lo que quedaba. Traté de mantenerme firme, pero mi vida de oración comenzó a vacilar. En medio de las dificultades, continué luchando por mi familia.

También empecé a trabajar con la sociedad masculina, que era diferente de la sociedad juvenil, pero adecuada para mi temporada de edad adulta. Además, comencé a recibir invitaciones para predicar en varias iglesias y finalmente me convertí en evangelista para el M.I. Iglesia Pentecostal. Fue una bendición ver mi vida siguiendo el camino correcto, pero las batallas en casa se hicieron más difíciles. Luché con la falta de apoyo de mis compañeros de la iglesia, sintiéndome desanimado a pesar de que debería haber mantenido mis ojos fijos en Dios.

Luego, la pandemia de COVID-19 golpeó, y mi vida de oración y mi búsqueda de Dios sufrieron. Durante este tiempo, mi pareja, que ya no estaba interesada en servir a Dios, me influyó negativamente. Lamentablemente, tomé la peor decisión de mi vida al darle la espalda a Dios y volver a los caminos del mundo.

Empecé a fumar vaporizadores de THC, beber alcohol con porcentajes más altos y buscar otras sustancias para satisfacer mis deseos. Poco a poco, me encontré convirtiéndome en la persona que una vez fui, alejándome más del camino de la justicia que una vez había caminado.

Tenga en cuenta que promover o glorificar el uso de drogas y alcohol no es apropiado. Es importante centrarse en los aspectos positivos de su historia y en el viaje hacia la redención y la renovación.

Mateo 12:43-45 afirma: "Cuando un espíritu impuro sale de una persona, pasa por lugares áridos en busca de descanso y no lo encuentra. Luego dice: "Volveré a la casa que dejé". Cuando llega, encuentra la casa desocupada, limpia y puesta en orden. Luego va y se lleva consigo a otros siete espíritus más malvados que él, y entran y viven allí. Y la condición final de esa persona es peor que la primera. Así es como será con esta generación malvada".

Me encontré en peor estado que antes. A pesar de que antes era un siervo de Dios y de que la gente me mirara, había vuelto a mis viejas costumbres. Una de mis debilidades era la música, así que empecé a hacer música de nuevo.

Además, comencé un desafío de salud y perdí con éxito más de 50 libras en menos de 8 meses. Estaba emocionado con mi transformación física y me obsesioné con mantenerme en forma. Participé en varios ejercicios y sentí que estaba en la mejor forma de mi vida. Sin embargo, los cristianos deben ser cautelosos y mantener un enfoque equilibrado de su salud. Estar demasiado enfocados en la apariencia física puede hacernos desviarnos de Dios. Puede llevarnos a vestirnos de una manera que nos satisfaga a nosotros mismos en lugar de complacer a Dios.

Dar la espalda a Dios fue extraño e impactante para mis amigos, ya que habían sido testigos de mi transformación completa. No podían entender por qué de repente deseaba fumar y pasar tiempo con mis viejos compañeros.

La vida había cambiado mucho en comparación con mi vida anterior en la calle. La generación más joven parecía tan fría y de ritmo rápido que me sentí completamente fuera de lugar. Mi amigo, Fred, expresó su decepción, diciendo: "Me alegro de que hayas vuelto a pasar el rato, pero prefiero verte con una Biblia en la mano". Sus palabras fueron una llamada de atención, pero mi espíritu rebelde me impidió que las oyera.

Empecé a beber más y a fumar todos los días. A pesar de mi transformación física, estaba ocultando el dolor de cómo le había fallado a Dios. Me volví más agresivo y me enfadé fácilmente, sin estabilidad. Esta realización me golpeó duro porque en el fondo, todo lo que realmente quería era servir a Dios por el resto de mi vida. Ahora, me encontré a la deriva más lejos de Él.

El pecado crea una separación entre Dios y la humanidad. Aunque esperaba que mis hermanos y hermanas de la iglesia se acercaran, muy pocos lo hicieron. Me sentí solo, vacío y perdido. Empecé a pasar tiempo con mi hermano mayor, que inicialmente no quería fumar conmigo debido a su orgullo por lo mucho que había cambiado cuando encontré a Dios. Junior me dijo: "Hermano, para ser honesto, no quiero fumar contigo, pero como eres un hombre adulto, hocémoslo."

El Camino a La Redencion

Lejos de Dios

Estar lejos de Dios ni siquiera comienza a describir el estado de mi vida espiritual. Era como si todo lo que Dios me había mostrado y cómo me había usado en el pasado hubiera sido descartado. Me encontré frecuentando el estudio, conectando con diferentes personas involucradas en la industria de la música. Creía que, a través de la música, las drogas y el alcohol, podía borrar el dolor que sentía. No me di cuenta, simplemente lo estaba adormeciendo temporalmente y buscando una distracción.

A medida que me distanciaba más de Dios, podía sentir que la oscuridad me consumía. Volví a la escena de los clubes y mi música comenzó a ganar fuerza en plataformas como Spotify, Apple Music y las redes sociales. Sin embargo, esta vez fue diferente porque la industria estaba llena de violencia y todo el mundo conocía mis antecedentes cristianos de más de 8 años. Dejó a la gente cuestionando. En el fondo, a pesar de dar la espalda a Dios, estaba obsesionado por la verdad de Su llamado a mi vida.

Una noche, alrededor de las 3 a.m., mientras pasaba el rato con mi hermano y sus amigos, hizo una observación sorprendente. Dijo: "Es una locura cómo una vez fuiste cristiano y ahora has vuelto. Por eso no siento la necesidad de ir a la iglesia. Es como si estuvieras en un avión, a punto de aterrizar, y saltaras". No pude evitar sentirme convencido, ya que entendí que Dios me estaba hablando a través de las palabras de mi hermano. Había estado en el camino correcto, en la seguridad del avión de Jesús, y había elegido saltar, arriesgando una vida. Esa noche, salí de casa en estado de shock, y en mi estado de entumecimiento, enrollé un poco de hierba y empecé a fumar.

Otra noche, el amigo de mi hermano empezó a hablar de Dios. Me resultó difícil escuchar porque sabía que Dios los estaba usando para llegar a mí, para abrir mis ojos al hecho de que cuando Él tiene un propósito con alguien, Él los perseguirá sin importar lo lejos que intenten correr. Pero en cambio, respondí con ira y frustración, diciéndoles que estaba cansado de oír hablar de Dios. Creía que no provenía de este camino.

En retrospectiva, me di cuenta de que me había

convertido en la versión moderna de Jonás o en el hijo pródigo de la Biblia.

Jonás 1:1-3 afirma: "La palabra del Señor vino a Jonás, hijo de Amittai: 'Ve a la gran ciudad de Nínive y predica contra ella porque su maldad ha llegado ante mí'. Pero Jonás huyó del Señor y se dirigió a Tarshish. Fue a Joppa, donde encontró un barco con destino a ese puerto. Después de pagar la tarifa, subió a bordo y navegó hacia Tarshish".

Lucas 15:11-13 cuenta la historia del hijo pródigo. Dice: "Jesús continuó: 'Había un hombre que tenía dos hijos. El más joven le dijo a su padre: "Padre, dame mi parte de la herencia". Así que dividió su propiedad entre ellos. No mucho después de eso, el hijo menor reunió todo lo que tenía, se fue a un país lejano y allí despilfarró su riqueza en una vida salvaje".

Del mismo modo, había escapado del llamado de Dios, pasando de predicar a volver a mis viejas costumbres. Sin embargo, este tipo de viaje tiene consecuencias, y muchas personas no encuentran el camino de regreso a Dios de nuevo.

Mi vida se volvió increíblemente inestable, ya que me perdí y me quedé vacío. A pesar de parecer contenido en el exterior, estaba roto por dentro. Aunque estaba en la mejor forma física de mi vida y otras cosas parecían estar cayendo en su lugar, nunca me sentí realmente satisfecho. Era como si anhela más y más. Mi ira se intensificó, lo que me llevó a confrontar e incluso a pelear con aquellos que me provocaron. Mis hijos se asustaron al presenciar los cambios en mí, sintiendo que ya no era yo mismo. Anhelaba tener a Dios en mi corazón de nuevo, pero me sentí abrumado por la vergüenza y no pude rezar o pedir perdón.

Mientras perseguía mi carrera musical, tuve la oportunidad de conectarme con personas influyentes en la industria. Un día, conduje hasta Nueva York para trabajar en tres proyectos que había preparado. Sucedió que justo al lado, tres raperos famosos a los que había admirado desde que era joven estaban actuando. Sus nombres eran Styles and Fame. Estaba encantado de estar en la misma vecindad que ellos mientras trabajaba en mis canciones, y no pude resistirme a pedir una foto. Estuvieron amablemente de acuerdo e incluso comentaron mi dedicación a mi oficio. Después de completar la música, me embarqué en el largo viaje de regreso a Lawrence, que duró tres horas y media debido a la falta de tráfico. Para cuando llegué a casa, el sol ya había salido, e inmediatamente caí en un sueño profundo. No fue hasta alrededor de las 2 p.m. de ese día que me desperté.

El Camino a La Redencion

Centrado en La Musica

Estaba increíblemente decidido a seguir adelante con mi carrera musical. Sin embargo, había un aspecto que no podía aceptar plenamente: la cultura de las calles. Mientras que la música popular de la época glorificaba la violencia y la falta de respeto, elegí mantenerme fiel a mi estilo de la vieja escuela y centrarme en compartir mis experiencias personales.

Empecé a notar un cambio a medida que la gente empezaba a escuchar mi música y a apreciar mi mensaje y mi voz única. Alentado por esta respuesta, decidí crear dos demos de cinco pistas tituladas "Ahora o nunca" y "Se trata de ese momento".

Las cosas estaban progresando en mi carrera musical. El número de transmisiones en Spotify, visitas en YouTube y seguidores en Instagram estaban aumentando. La gente comenzó a ponerse en contacto conmigo para colaboraciones, y parecía que las cosas iban bien, a pesar de que en el fondo sabía que esto no era donde debería estar.

Sin embargo, a medida que pasó el tiempo, me involucré más en el estilo de vida callejero agresivo y recurriendo al alcohol. Huir de Dios me dejó vacío. Algunas noches, las lágrimas caían de mi cara mientras miraba a mis hijos inocentes pero confundidos. Me preguntaban por qué ya no fuéramos a la iglesia, y yo les decía que estaba demasiado ocupado, pero prometí que iríamos pronto.

Me rompió el corazón verlos crecer sin la iglesia en sus vidas. Había perdido el control de mi propia vida y necesitaba desesperadamente un gran avance. Sabía que estaba equivocado, pero continué por el camino destructivo, ignorando la verdad. Sabía que me había convertido en un enemigo de Dios, una vez su hijo y amigo, pero ahora su adversario.

Romanos 8:7 nos recuerda que cuando somos controlados por nuestra naturaleza humana, nos convertimos en enemigos de Dios. Obedecemos Sus leyes y, de hecho, somos incapaces de obedecerlas. Aquellos que siguen su naturaleza humana no pueden complacer a Dios.

1 Juan 2:15-17 también nos recuerda que no amemos el mundo ni nada en él. Cuando somos consumidos por los deseos de la carne, el encanto de las posesiones materiales y el orgullo de la vida, nos alineamos con el mundo y no con el Padre. El mundo y sus deseos se desvanecerán, pero aquellos que hacen la voluntad de Dios tendrán vida eterna.

No podía imaginarme volver a la iglesia en ese momento. Me sentí como un hipócrita, y tampoco recibí ningún apoyo de la comunidad de la iglesia. No quiero poner excusas, ya que la salvación es un viaje individual, pero ya no sentí la comodidad y el apoyo que una vez tuve.

Entonces, surgió una oportunidad de espectáculo. Vendí entradas y tenía seguidores. Estaba emocionado pero nervioso porque había pasado mucho tiempo desde la última vez que actué. Los promotores del evento crearon un vídeo promocional para dar a la gente una idea de quién actuaría. Mi hermano me hizo una camisa personalizada, y fui a recogerla con algunos amigos. Estaba listo.

Cuando comenzó el espectáculo, algunos otros artistas subieron y dieron grandes actuaciones. Estaba en mi zona, solo quería subir y darlo todo como en los viejos tiempos. Finalmente, me llamaron al escenario, y mis seguidores estaban allí, promocionándome. Era hora de jugar. Tan pronto como empecé a actuar, el público quedó cautivado por mi estilo único y el hecho de que no había actuado en mucho tiempo. Les encantó, y recibí apretones de manos y cumplidos por mi música, con gente diciendo que también amaban mi voz.

Me sentí como mi viejo yo otra vez mientras disfrutaba de los elogios de mis amigos. Me elogiaron, diciendo: "Sabía que eras bueno, ¡pero no tan bueno! Realmente lo mataste ahí arriba. Sabes cómo entretener". Esto solo alimentó mi hambre de llegar a la industria.

Al final de la noche, el caos estalló fuera del club. Mientras caminaba hacia mi coche, me di cuenta de que todo el mundo corría. Cuando llegué a mi coche, descubrí una abolladura en la parte superior de mi maletero. Fue una noche llena de acontecimientos, pero no me molesté demasiado, decidiendo no involucrarme, ya que la conmoción parecía haberse dispersado.

Una vez que regresé a casa, mis hijos empezaron a hablarme de Dios. Era como si Dios me estuviera hablando a través de sus palabras. Mi hija me pedía que le contara una historia bíblica, y no me atrevía a contarles una historia mientras estaba bajo la influencia de las drogas o el alcohol. Sentí una inmensa culpa ante Dios. Un día, mi hijo menor me dijo: "Papá, sabes que a Dios no le gusta que bebas cervezas". Yo respondería: "Sí, tienes razón. Me detendré pronto". A pesar de que quería seguir viviendo este estilo de vida falso, mis hijos me mantuvieron con los pies en la tierra y me recordaron la presencia de Dios. Me di cuenta de que Dios me estaba impidiendo perderme por completo.

Mi carrera musical floreció a medida que conseguí más funciones y pasé incontables horas en el estudio. He producido varios tipos de música, tratando de adormecer el dolor y ahogar la voz de Dios. Sin embargo, cuanto más me involucraba en este estilo de vida, más lejos me sentía de Dios, dejándome sin esperanza. Dios, en Su increíble misericordia y amor incondicional, me persiguió implacablemente, sin importar lo lejos que me desviara o lo mal que me comportara.

Una de las experiencias más salvajes que tuve ocurrió un viernes por la noche cuando un amigo y yo decidimos ir al club. Nos preparamos, y me fui a cortarme el pelo y encontrar un atuendo para la noche. Alrededor de las 8 p.m., fui a la casa de mi amigo y cogí una botella de licor, con la intención de empezar a beber y fumar hierba antes de irnos. También tuvimos otros amigos que se reunieron con nosotros en el club.

Alrededor de las 10 p.m., salimos y empezamos a conducir hacia el club. Todo parecía estar bien; mi amigo y yo nos reímos, escuchamos algo de Hip Hop de la vieja escuela, e incluso le mostré algunos de mis próximos proyectos.

Después de unos 25 minutos, llegamos al club. Antes de entrar, nos tomamos un descanso para fumar. La cola era un poco larga, pero nuestros amigos nos llamaron, así que pasamos por alto la cola y nos unimos a ellos dentro. El ambiente era animado, y todo el mundo parecía estar pasándolo bien. Nos dirigíamos al bar para tomar unas copas y nos unimos al resto de nuestros amigos.

Vi a la hija de mi primo y me fui a saludarlos. Pregunté cómo estaban y les aseguré que los protegería si surgía algún problema. Asintieron con gratitud mientras me alejaba para reunirme con mis amigos. A medida que avanzaba la noche, finalmente terminó a las 2 a.m., y nos preparamos para irnos.

Cuando salimos, escuché mi música sonando cerca. Intrigado, me acerqué a la persona responsable y le comenté: "Yo, me gusta esa música. Es agradable, ¿verdad?" La persona respondió: "Sí, es uno de mis favoritos". Luego revelé que yo era el artista detrás de la música, a la que exclamaron: "¡Tu música es una locura!" Les agradecí su apoyo, pero mi amigo me agarró y me instó a que me fuera. Confundido por la repentina prisa, agradecí a la gente una vez más y me fui, sintiendo una sensación de malestar y disposición para enfrentar cualquier problema potencial.

Pero luego mi amigo dijo algo que levantó mis sospechas. Le pregunté si algo andaba mal y le sugerí que resolviéramos lo que fuera. Insistió en que nada estaba mal y aceptó seguir adelante. Mientras conducíamos, me di cuenta de que comenzó a reír de una manera extraña y su voz parecía diferente. Me quedó claro que él no era él mismo.

Lo llamé por el nombre de su calle, pero él lo negó y afirmó no saber quién era yo. Al instante, me di cuenta de que estaba poseído por una entidad demoníaca. El miedo surgió a través de mí mientras los pelos de mi cuerpo se paraban. Estaba aterrorizado porque sabía que no estaba preparado para esta batalla espiritual. A pesar de mi miedo, traté de razonar con mi amigo, suplicando desesperadamente: "Este no eres tú, ¿no lo entiendes?" Me detuve y lo reté a que saliera del coche y peleara si fuera necesario. No sabía qué más hacer. Finalmente, se salió de él y volvió a su yo normal, pero estaba confundido y desconsiente de lo que acababa de suceder. Continuamos hasta la casa de mi amigo, los dos todavía conmocionados por la experiencia.

Cuando llegué a casa, no pude dejar de temblar. Acababa de encontrarme y conversar con ese demonio.

Se burló de mí, sabiendo que estaba lejos de Dios y que no le servía. Esta fue solo una de las muchas experiencias que me mostraron que esta batalla espiritual no era un juego. Fue una clara advertencia de Dios que me instaba a volver a Él.

El Camino a La Redencion

Restaurado por Dios

A medida que pasaba el tiempo, cada vez más personas empezaron a escuchar mi música. A menudo iba a clubes vistiendo ropa de diseñador que había mandado hacer especialmente para mi marca, y mis videos en YouTube estaban ganando popularidad. Mis reproducciones seguían aumentando e incluso recibí mensajes de grandes artistas en Instagram, expresando interés en trabajar conmigo. Sin embargo, rechacé sus ofertas, ya que quería mantenerme independiente. Me dijeron que podía contactarlos en cualquier momento, ya que habían escuchado una de mis canciones y les había encantado.

Mientras avanzaba en mi carrera musical, mantuve firmes mis creencias sobre la industria. Muchos no lo creerían, pero yo sabía que muchos raperos, artistas y hasta estrellas de cine favoritas habían hecho pactos con el diablo y participado en rituales y sacrificios. Yo no quería formar parte de eso. Sabía en lo más profundo de mi ser que quería volver a Dios, aunque no encontrara el camino de regreso.

Conforme pasaban los días, me encontraba fumando cada vez más. Hubo momentos en los que sentí la tentación de volver a vender drogas, pero el amor que sentía por mis hijos me lo impedía. Ellos eran todo para mí. Sin embargo, sentía culpa porque antes les había dado un gran ejemplo cuando estaba involucrado en la iglesia, pero ahora no lo hacía. De vez en cuando me preguntaban sobre la iglesia y cuándo volvería a predicar, y yo no tenía una respuesta satisfactoria para ellos.

Ocurrió una situación difícil que afectó significativamente mi relación. Había ocurrido infidelidad en el pasado y eso me había lastimado profundamente. Hice todo lo posible por hacer funcionar las cosas, pero pronto me di cuenta de que se necesitan dos personas para salvar una relación. Darle la espalda a Dios conlleva graves consecuencias y, eventualmente, el divorcio se hizo inevitable. La separación no era lo que yo quería, ya que ella tomó la decisión de irse y no volver. Ver a mis hijos sufrir y llorar en ese momento fue angustiante, porque como adultos podemos entender en cierta medida, pero para ellos era confuso y devastador. Se sentían perdidos y se quedaron con preguntas sin respuesta. Esta experiencia me hizo reflexionar profundamente sobre la vida, y hice un esfuerzo consciente por frenar y priorizar el bienestar mental y emocional de mis hijos.

Mientras continuaba con mi música, tuve que encontrar un equilibrio entre seguir mi carrera y ser un padre a tiempo completo. Ella seguía mínimamente involucrada en sus vidas y, como resultado, ellos se sentían profundamente heridos. Estoy increíblemente agradecido con mis padres por su apoyo y ayuda durante este periodo difícil.

Empecé a recibir invitaciones a conciertos y mi música estaba ganando popularidad en diferentes estados. Tenía grandes planes de trabajar aún más duro y potencialmente ganar suficiente dinero con la música para brindar una vida mejor a mis hijos. Sin embargo, Dios siempre encuentra la forma de hacerte volver. Me estaba acostumbrando a estar solo con mis hijos y siempre encontrar cosas para hacer con ellos, pero aún había un vacío que no podía llenarse, especialmente porque su madre no estaba mucho presente.

Se acercaba un espectáculo en el que un amigo mío, quien había producido tres ritmos para mí, también iba a actuar. Sentía cierta tensión entre nosotros porque él era más cercano a mi hermano mayor y estaba asociado con los amigos de la pandilla de mi hermano. Todos planeábamos ir juntos al espectáculo, e invité a mi amigo, quien tenía fama de ser peligroso. Llegó tarde, así que le dije que me llamara cuando estuviera listo y lo recogería.

Mientras tanto, todos los amigos de mi hermano,

que eran parte de la pandilla, iban rumbo al espectáculo. Me encontré con el primo de mi amigo, quien me había hecho los ritmos, y tuvimos una confrontación acalorada. Después, él entró al lugar. Aparté a su primo y expresé mis sentimientos sobre el comportamiento de su primo. Él intentó calmarme, reconociendo que su primo había cambiado, pero que yo tenía que relajarme. Aunque todavía estaba molesto, dejé ir la ira y fui a recoger a mi amigo. Sin embargo, cuando llegué, equivocadamente pensaron que había ido en busca de problemas, a pesar de que esa no era mi intención. Mi hermano mayor criticó mis acciones, y aunque sabía que estaba equivocado, tuve que lidiar con ello. Esa noche, le dije a mi amigo cercano: "Ya estoy cansado de esto". Sentía que todos a mi alrededor eran falsos, y decidí enfocarme en mí mismo.

El deseo de volver a Dios crecía dentro de mí. Sabía que necesitaba hacer lo correcto, especialmente por el bien de mis hijos que estaban presenciando cómo empeoraban mis problemas de ira. La vida me había golpeado fuerte, y me encontraba enfrentando las consecuencias sola con mis hijos. Tomé la decisión de empezar a asistir a la iglesia de nuevo, y comencé a visitar la casa de mis padres espirituales, quienes se habían convertido en pastores. Se sentía bien estar de regreso, aunque tal vez no lo mostrara.

Todos en la iglesia se alegraron de verme, pues habían estado orando fervientemente para que Dios abriera mis ojos. Estaba agradecido por esos guerreros espirituales que pelearon batallas en mi nombre durante mis momentos de debilidad. Aunque empecé a asistir, tomó tiempo y humillación ante el Señor para entregarme plenamente y comprometerme con el camino de la rectitud.

Job 22:23 nos recuerda que si volvemos al Todopoderoso, seremos restaurados, y si apartamos la iniquidad de nuestras vidas, nuestros hogares serán purificados.

En Nehemías 1:9, Dios promete que si regresamos a Él, guardamos Sus mandamientos y le obedecemos, Él nos reunirá y nos llevará a un lugar donde Su nombre habita, sin importar cuán lejos nos hayamos desviado.

Zacarías 1:3 declara las palabras del Señor, instándonos a volver a Él para que Él también vuelva a nosotros, resaltando la importancia de nuestro arrepentimiento y relación con Él.

Jeremías 4:1 habla de la invitación de Dios a Israel para que regrese a Él, dejando de lado las cosas detestables y manteniéndose firmes en su fe.

Sabía que tenía que regresar al Señor, porque mi llamado en Él era más grande. Su amor es incomprensible y Jesús voluntariamente fue a la cruz sabiendo que íbamos a tropezar y caer. Él soportó el proceso porque todos fallamos en Su gloria. Jesús vino a redimirnos de nuestros pecados, otorgándonos acceso al Padre en el cielo.

Romanos 3:23-24 nos recuerda que todos hemos pecado y estamos alejados de los estándares gloriosos de

Dios, pero mediante Su gracia, Él nos hace justos ante Sus ojos. Esto se logró a través del sacrificio de Cristo Jesús, quien nos liberó del castigo de nuestros pecados.

Gálatas 3:13 enfatiza aún más que Cristo nos redimió de la maldición de la ley al convertirse en maldición por nosotros, tomando nuestro lugar en la cruz.

Hebreos 9:15 explica que Cristo es el mediador de un nuevo pacto, ofreciendo una herencia eterna a aquellos que son llamados. Murió como rescate para liberarnos de los pecados cometidos bajo el primer pacto.

Estos pasajes me reafirmaron sobre el increíble amor de Dios y Su deseo de que regresemos a Él. Sabía que mi camino a seguir era rendirme una vez más, arrepentirme de mis pecados y abrazar la redención y libertad que solo se encuentran en Jesucristo.

Hechos 3:19 nos recuerda arrepentirnos y volvernos a Dios para que nuestros pecados sean borrados y experimentemos tiempos de renovación del Señor.

Un día, Dios usó a mis hijos para abrir mis ojos y traer convicción a mi corazón. Mi hijo Josías me dijo: "Papá, sabes que a Dios no le gusta la música que escucho", y mi hija me preguntó una noche: "Papá, ¿puedes contarme una historia de la Biblia?" Era como si Dios me estuviera hablando directamente a través de sus palabras inocentes. A pesar de mis hábitos pecaminosos de fumar y beber, me di cuenta de que necesitaba enseñar a mis hijos acerca de la palabra de Dios y Su amor.

Esta realización me llevó a dar un paso hacia el

regreso a Dios. Nunca esperé que su amor fuera tan grande que, aunque me había alejado, todavía estuviera dispuesto a recibirme con los brazos abiertos. Había llegado el momento de humillarme a los pies de Jesús. Esa noche, me vestí con el mismo traje que solía usar para predicar, y mientras asistía al servicio de la iglesia, esperaba ansiosamente el llamado al altar. Cuando finalmente llegó, levanté mis manos y caminé hacia el frente para entregarme a Jesús una vez más. Las lágrimas corrían por mi rostro mientras el pastor oraba por mí.

En ese momento, sentí la presencia de Dios que me rodeaba una vez más. Mis hijos estaban llenos de alegría de que yo había vuelto a Dios y juntos, emprendimos un nuevo viaje de fe y restauración.

Amigos, se sintió tan bien estar de regreso en la iglesia. Una vez estuve cegado, pero Dios esperaba pacientemente que viniera y me levantara. No importa los pecados que hayas cometido, puede parecer que Dios nunca te perdonará, pero Él siempre está dispuesto a perdonarte. La pregunta es, ¿estás dispuesto a perdonarte a ti mismo? Sí, las personas pueden hablar mal de ti o no creer en tu conversión después de caer, pero Dios no juzga como lo hacen los hombres. Él murió por ti y por mí. Entonces, no importa la situación en la que te encuentres o los pecados que hayas cometido, Dios te levantará. Él restaurará tu testimonio, aunque pueda llevar tiempo.

Si quieres decir esta oración conmigo, especialmente si no tienes a Cristo en tu corazón o nunca lo has aceptado, repite después de mí.

"Padre celestial, en este momento me presento ante ti para darte gloria y honor. Pido tu perdón por todos mis pecados. Ven a mi corazón, transfórmame y hazme nuevo. Escribe mi nombre en el libro de la vida. Confieso que Jesús murió y resucitó al tercer día. Reconozco que Él es el Rey de reyes y Señor de señores".

Ahora, oraré por ti. En el nombre de Jesús, me presento ante ti, pidiendo que quien haga esta confesión pueda tener un encuentro que cambie su vida contigo y tu presencia. Restaura sus vidas y sana las áreas que están rotas o sufren dolor. Dale fuerza a aquellos que la necesitan y responde a sus oraciones. Que su vida espiritual se una contigo, Espíritu Santo, guiándolos y ayudándolos a comprender que tú estás en control. Acudimos a ti porque nada es imposible para ti. Levántalos, sálvalos y restáuralos en el nombre de Jesús. Amén.

El Camino a La Redencion

Fui Probado

Finalmente, me humillé ante Dios, pero poco sabía que era solo el comienzo. A medida que empecé a asistir a la iglesia, llevaba conmigo un espíritu quebrantado y una abrumadora ira por permitirme caer en un lugar tan oscuro. A menudo reflexionaba sobre los "qué hubiera pasado", preguntándome cómo hubiera sido mi vida si nunca me hubiera alejado de la presencia de Dios. Sin embargo, en medio de mi dolor, encontraba consuelo derramando lágrimas de arrepentimiento en el reconfortante abrazo de Dios. Fue en esos momentos que supe que estaba donde pertenecía.

Presenciar las lágrimas de mis hijos durante la separación fue desgarrador. Sabía que no podían comprender completamente la situación. A pesar de las inmensas dificultades, me mantuve decidido a ser un pilar de apoyo para mis hijos. Ellos, sin saberlo, se convirtieron en mi fuente de fortaleza, junto con Dios.

Comencé a asistir a diferentes iglesias en busca de orientación y consuelo. No fue fácil enfrentar la división en mi propio hogar. Sin embargo, me aferré a mi fe en Dios y confié en que tenía un plan, aunque comenzar de nuevo parecía imposible.

Esta vez, redescubrir mi conexión con Cristo fue diferente. Había crecido y ganado más madurez. Había soportado mi parte justa de pruebas, lo que resultó fundamental para profundizar mi relación con Dios. Estoy eternamente agradecido a todos aquellos que me apoyaron, directa o indirectamente, durante este proceso de sanación. El divorcio no es un camino que recomendaría, pero hay casos en los que se vuelve inevitable. El tema del divorcio a menudo suscita emociones encontradas dentro de la comunidad de la iglesia. Algunas personas, empáticas con mi situación, me aseguraron que era aceptable buscar la separación. Sin embargo, había otros que se adherían a la creencia de que el matrimonio debería durar para siempre.

Me entristeció presenciar cómo, a veces, aplicamos selectivamente enseñanzas bíblicas a ciertos aspectos de la vida o emitimos juicios sin comprender verdaderamente las luchas que otros enfrentan. Solo Dios tiene derecho a juzgar; nuestro papel es elevar y apoyar a aquellos que están heridos espiritualmente. Ya sea a través de asistencia activa o fervientes oraciones, debemos esforzarnos por levantarnos mutuamente. Aunque había regresado a la iglesia, a veces luchaba con la confusión y la culpa, sintiéndome como un hipócrita por haber retrocedido. Perdonarme a mí mismo resultó ser un viaje arduo, y en un momento, mi testimonio yacía hecho pedazos en el suelo. Intensifiqué mis oraciones y me rendí a la guía de Dios, pero el camino hacia la redención fue innegablemente desafiante.

A todos los individuos religiosos que se encuentren con aquellos que han tropezado y luchan con malos hábitos recurrentes, es esencial entender que están decepcionando a Dios, no meros mortales. No intento justificar ni tolerar pecados cometidos con libertad, sino enfatizar la importancia de la restauración dentro de la comunidad. Es lamentable que aquellos que a menudo juzgan o critican a otros sean frecuentemente culpables de transgresiones similares o incluso peores. Algunos pueden presenciar las tribulaciones de sus propios hijos, lo cual sirve como recordatorio de que nadie debería señalar con el dedo a otra alma. En cambio, debemos extender una mano amiga y fomentar un ambiente de compasión y comprensión.

1 Juan 2:1 dice: "Hijitos míos, les escribo estas cosas para que no pequen. Pero si alguno peca, tenemos un abogado ante el Padre: Jesucristo, el justo".

Mi vida ha alcanzado varios hitos, y estoy eternamente agradecido a Dios por estar siempre presente en el momento adecuado.

Mis hijos empezaron a participar en el servicio infantil de la iglesia, cantando para el Señor. Me conmovió hasta las lágrimas presenciar cómo cantaban con alegría, encontrando consuelo en la casa de Dios. Sin embargo, también hubo momentos de tristeza, cuando se daban cuenta de que otros niños tenían a sus madres a su lado mientras que su propia madre estaba ausente. Pero Dios me ayudó y me concedió sabiduría para guiarlos en esos momentos difíciles. A medida que continuaba en mi camino de recuperación, empecé a leer un libro de Juan Carlos Harrigan que se centraba en el poder de la oración. Recomiendo de todo corazón este libro a cualquiera que busque profundizar en su vida de oración. Inicialmente, pasaba alrededor de 15 minutos en oración, pero a medida que mi conexión con Dios se fortalecía, me encontraba pasando cada vez más tiempo en su presencia. Incluso empecé a despertarme a las 4 de la mañana para buscar el rostro de Dios, y podía sentir cómo crecía espiritualmente.

Cuando llegó el Año Nuevo, nuestra iglesia inició un ayuno congregacional de 21 días. Este período de ayuno me permitió liberar mis cargas y entregárselas en las amorosas manos de Dios. Fue durante este tiempo que me di cuenta agudamente de mi problema de ira. Un incidente en particular me sirvió de llamado de atención. Mientras conducía con mis hijos, un taxi se pasó un semáforo en rojo y estuvo a punto de chocar con nosotros. Lleno de rabia, seguí al taxi hasta que dejó a un pasajero. Coloqué mi coche frente al taxi, salí y desaté mi ira contra el conductor. Él se acobardó de miedo, incapaz de encontrarse con mi mirada. Sin embargo, en medio de mi arrebato, escuché una voz pequeña: era mi hija, llamándome con miedo. Ella suplicaba, "Papá, papá, por favor para".

Fue en ese momento de realización, cuando la voz de mi hija atravesó mi furia, que me calmé y sentí una abrumadora sensación de culpa. Sentí un profundo remordimiento por perder el control delante de mis hijos. Lo que me impactó aún más fue cuando mi hija, llorando, me dijo temerosa, "Papá, me gustaría ayudarte y orar a Dios para que se lleve tu ira". Fue una revelación profunda para mí. Sabía que necesitaba soltar y entregárselo todo a Dios. Si no hubiera sido por esa situación, tal vez nunca hubiera reconocido la profundidad de mi problema de ira. Verdaderamente, Dios obra de maneras misteriosas.

Mi fe estaba siendo puesta a prueba mientras continuaba en mi camino. Era desafiante, especialmente cuando me enfrentaba a circunstancias que exigían que dejara ir. Estoy agradecido a Dios por revelarme mis defectos y guiarme hacia el camino correcto. Con mi vida centrada en criar a mis hijos, decidí inscribirlos en una escuela de música. Mi hijo comenzó a tocar la batería, mientras que mi hija aprendió a tocar el piano. Su entusiasmo ayudó a llenar el vacío en sus corazones. Empecé a renunciar al control y entregárselo a Dios, por doloroso que fuera, sabiendo que era lo correcto.

Hice todo lo posible por mis hijos. Mi hijo mayor

vino a vivir conmigo durante un año, y esta fue la primera vez que tuve a los tres niños bajo el mismo techo. Me llenó de gran alegría ver cómo todo encajaba. Mi hijo mayor y el menor mostraron interés en jugar al fútbol, así que los inscribí en una liga local. Estaban emocionados de formar parte de ello. Durante su primer entrenamiento, el entrenador notó cómo les ofrecía orientación a mis hijos y me preguntó si estaría interesado en ser su asistente. Sin dudarlo, acepté el puesto. Nunca antes había estado tan presente en la vida de mi hijo mayor, ya que vivía en Florida. Esta fue mi primera oportunidad de involucrarme más y me llenó de inmenso gozo. Me propuse no defraudarlos. Mi hija se nos unió con entusiasmo, emocionada de ver jugar a sus hermanos.

Durante este viaje, tuve una experiencia profunda, pero no pude evitar notar que estaba consumiendo la mayor parte de mi tiempo. Como resultado, mi vida de oración comenzó a sufrir una vez más. Ser padre soltero no era una tarea fácil y los sentimientos de soledad comenzaron a pesar mucho sobre mí. Buscando orientación, acudí a mi pastor, quien enfatizó la importancia de encontrar equilibrio y mantener el enfoque.

Sin embargo, poco a poco me vi abriendo puertas que me llevaron por un camino de pecado y alejamiento del agrado de Dios. No es que estuviera participando en fiestas salvajes o comportamiento promiscuo, pero me encontraba con amigos y coqueteaba con ellos. Incluso empecé a chatear con chicas cristianas en línea, inicialmente con buenas intenciones, pero siempre terminaba yendo en la dirección equivocada. En lo más profundo, mi deseo supremo era complacer a Dios.

Mi vida se volvió cada vez más inestable. A pesar del tumulto, en mí había una parte que luchaba por buscar ayuda en Dios. Te insto, si te encuentras en situaciones similares, cierra rápidamente estas puertas, ya que te llevarán a la separación de Dios y a la muerte espiritual. Dios nos llama a vivir por el Espíritu, no a sucumbir a nuestros deseos carnales. Me encontraba en diversas situaciones, a menudo clamando al Señor por una salida. Y fielmente, Dios siempre me levantaba.

Lamentablemente, muchas personas tienden a acercarse a Dios solo cuando tienen necesidades, y una vez que sus problemas están resueltos, se alejan. Pero Dios nos llama a permanecer firmes en medio de las pruebas.

Mateo 16:24 dice: "Entonces Jesús dijo a sus discípulos: 'Si alguno quiere ser mi discípulo, que se niegue a sí mismo, tome su cruz y me siga'". Es el acto de negar nuestros deseos carnales lo que puede ser desafiante.

Gálatas 5:16 aconseja: "Digo, pues: Vivan por el Espíritu, y no seguirán los deseos de la carne".

Romanos 12:2 nos recuerda: "No se amolden al mundo actual, sino sean transformados mediante la renovación de su mente. Así podrán comprobar cuál es la voluntad de Dios, buena, agradable y perfecta".

Dios nos ha llamado a vivir de manera diferente, a vivir para Él. Este mundo es temporal, y a veces nos encontramos cayendo en las mismas trampas. Es mejor soltar y tomar el control, negándonos a ser influenciados por las costumbres del mundo. Existe una realidad más allá de lo que nuestros ojos pueden ver.

2 Corintios 4:18 nos anima: "Así que no nos fijamos en lo visible, sino en lo invisible, ya que lo que se ve es pasajero, mientras que lo que no se ve es eterno".

Mateo 6:33 nos enseña: "Más bien, busquen primeramente el reino de Dios y su justicia, y todas estas cosas les serán añadidas".

Sigamos esforzándonos continuamente por buscar el reino y la justicia de Dios, sabiendo que al hacerlo, todas las demás cosas caerán en su lugar.

Navegar a través de puertas abiertas a veces puede llevar a resultados desfavorables, y muchas veces, levantarse después de una caída no es tarea fácil. Mi consejo más importante para ti es que permanezcas firme y constante en la presencia ardiente de Dios.

Vivir como cristiano puede parecer sencillo desde el exterior, pero siendo honestos, está lejos de ser fácil. Nos encontramos en una batalla interna con nuestros propios deseos, nuestro desafío más difícil, solo superado por el enfrentamiento con Satanás y las fuerzas espirituales que rondan nuestro mundo temporal. Mi objetivo final es asegurarme de que cuando llegue el día de la redención, llegue al cielo sin vivir una vida de falsedad, sino con autenticidad. En esos momentos íntimos, me esfuerzo por ser fiel a Dios.

Soy consciente de que muchos hombres enfrentan numerosas luchas, ya sea adicción a las drogas, mujeres, alcohol, y así sucesivamente. Algunos están enredados en la trampa de la pornografía o la infidelidad hacia sus esposas. Sin embargo, ¿cuál es el valor de perder nuestra salvación por estas tentaciones fugaces en una vida transitoria que no ofrece garantías? Simplemente no tiene sentido.

El Camino a La Redencion

Dios Transforma todos Mis Errores en Bendicion

Tantos errores han plagado mi vida. Aunque encontré mi camino de regreso al Señor, se sentía como un ciclo interminable de contratiempos. Comenzaba a buscar a Dios con fervor, solo para desviarme una vez más. Parecía que no llegaba a ningún lado y me sentía completamente solo, sin nadie que realmente pudiera entenderme. Lamentablemente, abrí demasiadas puertas cuando volví al mundo.

Ahora puedo ver claramente cuánto esto ha afectado mi caminar con Dios. A veces, el enemigo implantaba pensamientos en mi mente, haciéndome creer que no soy digno o no soy lo suficientemente bueno. Me encontraba envuelto en batallas que no sabía cómo manejar. Estas cosas solían tener poco impacto en mí, pero ahora representan un desafío mucho mayor. Un día experimentaría una transformación completa mediante el poder de Dios, pero al día siguiente me encontraría participando en actividades que no le complacen.

A aquellos que se mantienen firmes en su fe, les ruego que permanezcan vigilantes, ya que el enemigo siempre está esperando para derribarlos. Nunca juzguen a los demás, porque nunca saben cuándo ustedes también pueden caer y necesitar una mano amiga. A aquellos que aún están fuertes en el Señor, extiendan su amabilidad y apoyo a aquellos que son débiles. Manténganse humildes, especialmente cuando Dios los está usando como vasijas. Muchas personas olvidan que es Dios quien nos ha elegido, no al revés.

Ahora, para aquellos que están luchando con dificultades y enfrentan batallas implacables, los insto a seguir luchando y soportar las tormentas, porque Dios les concederá la victoria. Si se sienten débiles, busquen ayuda espiritual de otros miembros de su iglesia. Si no tienen una iglesia, busquen una que pueda guiarlos por el camino correcto.

Nunca pensé que me encontraría en el estado desesperado en el que me encontraba. Cuando primero llegué a Cristo, creía que nunca volvería a los caminos del mundo. Sin embargo, me encontré vagando sin rumbo, sin saber dónde terminaría finalmente. Hubo momentos en que sentí un sentimiento profundo e inquietante de que algo iba a sucederme, resonando en lo más profundo de mi alma.

Gracias a Dios por su inmensa misericordia y gracia. Aunque no merecía el perdón por mis pecados, Jesús decidió dar su vida en esa cruz.

Mi vida era relativamente tranquila, pero anhelaba tener una esposa y alguien que fuera auténtico conmigo. Deseaba tener una familia. Luego, durante un servicio de adoración especial, noté a una mujer hermosa, adorando junto a sus hijas. Cuando nuestros ojos se encontraron, sentí en lo más profundo de mí que ella estaba destinada a ser mía. Sin embargo, me di cuenta de que en realidad no la conocía de cerca, aunque la había visto antes.

Decidí contactarla y comenzamos una amistad. Teníamos tantas cosas en común que decidimos reunirnos para cenar. Esa noche fuimos a jugar a los bolos y luego la llevé a un restaurante. Nos divertimos mucho, nos reímos y pudimos hablar sobre nuestras metas en la vida. En general, ambos amábamos a Dios y lo único que queríamos era complacerlo.

Un día la llevé a conocer a mis padres y desde el principio a mi mamá y a mi papá les encantó. Pasaron muchos meses y comenzamos a sentir sentimientos más fuertes el uno por el otro.

Nuestros hijos estaban creciendo más cercanos, y mis hijos adoraban a mi novia Heidy, mientras que sus hijos también me aceptaban. Empezamos a forjar un fuerte vínculo entre nosotros. Sabíamos que las cosas no comenzaron perfectamente, pero estábamos decididos a hacerlo bien. Siguiendo la orientación de nuestros pastores, asistimos a sesiones de pre-matrimonio, reuniéndonos una vez a la semana y estudiando un libro juntos.

Después de ocho semanas de asesoramiento, nuestro pastor nos dijo que estábamos listos para el matrimonio. Expresó su alegría por nosotros, y eso llenó nuestros corazones de felicidad. Un día, finalmente reunió el valor para hacer la pregunta que había estado en mi mente: "¿Te quieres casar conmigo?"

¡Ella dijo que sí!

Nuestra familia y amigos me ayudaron con la sorpresa. No tenía idea de que iba a suceder, así que su expresión de sorpresa en su rostro no tenía precio. Heidy ha sido una bendición increíble en mi vida. Llegó en un momento crítico de mi camino espiritual. Realmente creo que esto fue obra misteriosa de Dios.

Finalmente llegó el día de nuestra boda y estuvimos rodeados de nuestros seres queridos. Durante la ceremonia nupcial, rebosábamos de felicidad. Todo salió sin problemas, desde la comida deliciosa hasta las hermosas decoraciones. Entiendo que la perfección no es la meta, pero sé en mi corazón que he encontrado a la mujer adecuada para estar a mi lado. Ella es una guerrera de oración y busca constantemente la guía de Dios. Nuestro nuevo viaje juntos ha comenzado, y les pido amablemente sus oraciones para que podamos ser una fuente de bendición para el mundo y alcanzar a aquellos que necesitan la palabra de Dios

El Camino a La Redencion

Reflexion

Las consecuencias de caer y luego volver a Cristo" es un concepto profundo que ahonda en la condición humana y en el camino hacia el renacimiento espiritual. En estos 6 puntos, hablaremos sobre el poder transformador de la fe, así como las consecuencias que puede tener alejarse de Cristo en nuestras vidas, y la redención que ocurre cuando encontramos nuestro camino de regreso a Él.

La Caída de la Gracia

- Comprender la naturaleza de alejarse de Cristo:

Comprender la naturaleza de alejarse de Cristo implica reconocer el proceso de alejarnos lentamente de las enseñanzas y principios del cristianismo, que incluye el ayuno, la oración y la lectura de Su palabra. Se refiere a un viaje espiritual en el que nuestra fe se debilita, lo que resulta en un compromiso disminuido de seguir el ejemplo de Cristo y un alejamiento de nuestra relación con Dios. Esto puede ocurrir por diversas razones, como dudas, tentaciones, distracciones mundanas o dificultades personales. Sin embargo, al buscar una comprensión más profunda de nuestra fe, fortalecer las disciplinas espirituales y buscar orientación de otros creyentes o mentores espirituales, podemos enfrentar este desafío y encontrar un camino de regreso a una relación más cercana con Cristo.

- Analizar las consecuencias de desviarnos de nuestro camino espiritual:

Al analizar las consecuencias de desviarnos de nuestro camino espiritual, exploramos cómo rechazar nuestras creencias y prácticas espirituales puede afectar nuestras vidas. Apartarnos de nuestro camino espiritual puede llevarnos a sentirnos desconectados, confundidos y sin propósito. También puede resultar en una pérdida de paz interior, un aumento de estrés y una sensación de estar errados en la vida. Al desviarnos de nuestro camino espiritual, es posible que tomemos decisiones que no están alineadas con nuestros valores más elevados, lo que lleva a sentimientos de insatisfacción y una búsqueda de autenticidad. Además, cuando descuidamos nuestro bienestar espiritual, es posible que experimentemos una conexión debilitada con los demás y disminuya nuestra capacidad de compasión y empatía. Tomarse el tiempo para reflexionar y realinearse con nuestro camino espiritual puede ayudarnos a recuperar un sentido de equilibrio, redescubrir nuestro propósito y fomentar un sentido más profundo de plenitud en nuestras vidas.

La vacío y la desesperación que pueden acompañar a una vida sin Cristo se refieren a la profunda sensación de vacío y desesperanza que las personas pueden experimentar cuando carecen de una conexión espiritual o de un sistema de creencias importante. Sin la guía y el consuelo que la fe en Cristo puede proporcionar, las personas pueden luchar por encontrar propósito, plenitud y sentido de pertenencia. La ausencia de Jesús en nuestras vidas puede dejar a las personas sintiéndose perdidas, desconectadas y sin rumbo. El reconocimiento de este vacío a menudo enfatiza la importancia de abrazar la fe espiritual para muchas personas que buscan propósito, significado y redención.

Aquí hay algunos versículos bíblicos que hablan de alguien que cae de la gracia:

1. Génesis 3:6-7 - "La mujer entonces vio que el árbol era bueno para comer, y que era agradable a la vista, y que el árbol era codiciable para adquirir sabiduría, así que tomó de su fruto y comió. Luego le dio también a su marido que estaba con ella y él comió. Entonces, fueron abiertos los ojos de los dos, y se dieron cuenta de que estaban desnudos. Así que cosieron hojas de higuera y se hicieron ropas."

2. Romanos 5:12 - "Por tanto, así como el pecado entró en el mundo por un hombre, y el pecado produjo la

muerte, así también la muerte se extendió a todos los hombres, porque todos pecaron."

3. Romanos 3:23 - "Porque todos pecaron y no alcanzan la gloria de Dios."

4. Efesios 2:1-3 - "También a ustedes, que estaban muertos en sus transgresiones y pecados, en los cuales en otro tiempo anduvieron según la corriente de este mundo, conforme al príncipe de la potestad del aire, el espíritu que ahora trabaja en los hijos de desobediencia. Además, todos nosotros también vivimos en otro tiempo de acuerdo con los deseos de nuestra naturaleza pecaminosa, y cumplíamos los deseos de la carne y de los pensamientos. Como los demás, éramos por naturaleza objeto de la ira de Dios."

5. 1 Timoteo 2:14 - "Y Adán no fue engañado, sino que la mujer, siendo engañada, incurrió en transgresión."

Estos versículos resaltan el relato en Génesis donde Adán y Eva desobedecieron el mandato de Dios, trayendo el pecado y sus consecuencias al mundo. También enfatizan la naturaleza universal del pecado y su impacto en todas las personas.

La Búsqueda de Sentido

- Los fundamentos del deseo humano de encontrar propósito e importancia

La Búsqueda de Sentido es una búsqueda fundamental del ser humano para encontrar propósito e importancia en la vida. Explora el deseo arraigado dentro de los individuos de entender su lugar en el mundo y crear una existencia válida. Esta búsqueda implica examinar a fondo las grandes preguntas de la vida, como "¿Cuál es el sentido de la vida?" y "¿Por qué estoy aquí?". Los individuos pueden embarcarse en un viaje de autodescubrimiento, explorando la espiritualidad, la filosofía y los valores personales para encontrar su propio sentido único de propósito y logro. La Búsqueda de Sentido es un viaje profundamente personal que puede conducir al crecimiento personal, la plenitud y una mayor comprensión de uno mismo y del mundo.

- Explorando los diferentes caminos que los individuos toman en la búsqueda del logro

Explorar los diferentes caminos que los individuos toman en la búsqueda del logro es un fascinante recorrido por las diversas formas en que las personas buscan sentido y placer en sus vidas. Algunos pueden seguir caminos ordinarios, como construir una carrera exitosa o formar una familia, encontrando logro en la estabilidad y los logros que alcanzan en el camino. Otros pueden optar por buscar rutas alternativas, como embarcarse en un viaje espiritual, recorrer el mundo o dedicarse a actividades creativas. Los caminos de cada persona son diferentes, ya que sus intereses personales, valores y experiencias influyen en sus elecciones. La búsqueda del logro es un intento profundamente personal, que refleja las infinitas posibilidades de las aspiraciones humanas y la hermosa dificultad de nuestros viajes individuales.

- El alivio temporal y la insatisfacción final encontrados fuera de Cristo

"El alivio temporal y la insatisfacción final encontrados fuera de Cristo" se refiere a la idea de que buscar el logro solo en los placeres terrenales o perseguirlo solo conducirá a la satisfacción temporal de la carne, lo cual en última instancia deja a una persona sintiéndose vacía e insatisfecha. Esta perspectiva sugiere que los logros verdaderos y duraderos solo se pueden encontrar en una relación con Cristo, ya que Él ofrece gozo y propósito eterno.

Aquí hay algunos versículos bíblicos sobre la búsqueda de un significado:

1. Eclesiastés 3:11 - "Él ha hecho todo hermoso a su debido tiempo. También ha puesto en el corazón del ser humano el sentido de la eternidad, aunque este no pueda comprender la obra que Dios realiza de principio a fin."

2. Eclesiastés 12:13 - "Al final, después de haberlo oído todo, esto es lo más importante: Teme a Dios y cumple sus mandamientos, porque esto es lo que define nuestra existencia."

3. Proverbios 3:5-6 - "Confía en el Señor de todo corazón, y no en tu propia inteligencia; reconócelo en todos tus caminos, y él allanará tus sendas."

4. Mateo 6:33 - "Más bien, busquen primeramente el reino de Dios y su justicia, y todas estas cosas les serán añadidas."

5. Salmo 42:1 - "Como el ciervo sediento anhela los arroyos de agua, así te anhela mi alma, oh Dios."

6. Jeremías 29:13 - "Me buscarán y me encontrarán cuando me busquen de todo corazón."

7. Isaías 55:6 - "Busquen al Señor mientras pueda ser hallado, llámenlo mientras esté cerca."

Estos versículos nos enseñan a confiar en Dios, a buscar su reino en primer lugar y a seguir buscándolo con todo nuestro corazón. También reconocen la necesidad de la humanidad de encontrar significado y propósito, y enfatizan la importancia de una relación con Dios para encontrar logros verdaderos y un mensaje de vida.

3. Las Consecuencias de una Vida sin Cristo

- Desorden y confusión en la vida personal y social

Sin Cristo, es posible experimentar desorden y confusión en la vida personal y social. La ausencia de Cristo a menudo lleva a una falta de guía moral, lo que resulta en egoísmo, deshonestidad y falta de consideración hacia los demás. Esto puede generar problemas en las relaciones, causando una ruptura en la confianza y la comunicación. Además, sin el amor y la gracia que se encuentran en Cristo, es posible que se enfrenten dificultades para encontrar sentido y propósito en la vida, lo que provoca sentimientos de vacío e insatisfacción. La falta de Cristo le priva de sus enseñanzas sobre el perdón, la compasión y el altruismo, que son fundamentales para cuidar y mantener relaciones saludables y exitosas. En general, una vida sin Cristo puede hacerte sentir perdido, desconectado y sin una base sólida para enfrentar los desafíos y dificultades de la vida.

- La aceptación de adicciones, materialismo y

egoísmo

Las consecuencias de una vida sin Cristo son variadas y se pueden observar en la generalidad de las adicciones, el materialismo y el egoísmo. Sin tener a Cristo como centro, es posible que recurras a placeres y sustancias terrenales para llenar el vacío dentro de ti.

La adicción puede manifestarse de muchas formas, algunos ejemplos son el abuso de sustancias, los juegos de azar o incluso el desequilibrio con la tecnología o las redes sociales. Sin tener una relación con Cristo, es posible que busques placeres temporales o te excuses a través de estos comportamientos adictivos. La adicción a menudo conduce a la autodestrucción, relaciones rotas y una sensación cada vez más profunda de vacío.

Otra consecuencia de vivir sin Cristo en el corazón es el materialismo. En una sociedad que da prioridad a la riqueza, las posesiones y el estatus, es posible que te consumas persiguiendo la acumulación de riquezas materiales y el éxito. Esto puede generar una necesidad constante de más, conduciendo a un ciclo interminable de insatisfacción y decepción.

El egoísmo también es común cuando Cristo no está presente en tu vida. Sin la palabra de Cristo para guiar e inspirar el altruismo, puedes priorizar tus propias necesidades, deseos y ambiciones por encima de los demás. Esto puede llevar a una falta de empatía, relaciones tensas y una perspectiva egocéntrica de la vida.

En general, una vida sin Cristo puede resultar en la falta de propósito, logros y verdadera alegría. Sin la guía espiritual y la palabra de Dios, las personas pueden caer en comportamientos destructivos, priorizar posesiones materiales y descuidar las necesidades de los demás. Abrazar a Cristo y su palabra puede llevar a la transformación, la sanidad y un sentido más profundo de propósito en la vida.

Las Consecuencias de una Vida sin Cristo

- Las consecuencias del relativismo moral y la pérdida de una brújula espiritual

Las consecuencias de una vida sin Cristo pueden ser profundas, afectando tanto a individuos como a la sociedad. Una consecuencia significativa es el relativismo moral, donde lo correcto y lo incorrecto se determinan según las preferencias personales en lugar de normas objetivas. Sin los principios rectores de las enseñanzas de Cristo, el relativismo moral puede llevar a la erosión de los valores éticos y la promoción de comportamientos egoístas.

Sin una brújula espiritual, las personas pueden carecer de un sentido de propósito, significado y plenitud en la vida. Pueden buscar satisfacción y felicidad en posesiones materiales, poder o placeres fugaces, lo cual puede finalmente llevar a la vacío e insatisfacción. En ausencia de las enseñanzas de Cristo sobre el amor, la compasión y el perdón, las relaciones pueden volverse tensas y la empatía hacia los demás puede disminuir.

A nivel social, la pérdida de una base espiritual puede llevar a la desintegración de la cohesión social y a la erosión de los valores comunes. Las comunidades pueden tener dificultades para abordar problemas como la desigualdad, la injusticia y la violencia sin la guía moral proporcionada por las enseñanzas de Cristo. Sin un marco moral compartido, la toma de decisiones individual y colectiva puede priorizar el interés propio sobre el bien común.

En general, una vida sin Cristo puede resultar en relativismo moral, falta de propósito y plenitud, relaciones tensas y desafíos sociales. Abrazar a Cristo y sus enseñanzas puede proporcionar una verdadera brújula espiritual, guiando a individuos y comunidades hacia el amor, la compasión y un sentido de propósito que puede conducir a un estilo de vida más satisfactorio y equilibrado.

Aquí hay algunos versículos bíblicos que hablan sobre las consecuencias de una vida sin Cristo.

1. Juan 3:36 - "El que cree en el Hijo tiene vida eterna, pero el que rechaza al Hijo no verá la vida, sino que la ira de Dios permanece sobre él."

2. Romanos 6:23 - "Porque la paga del pecado es muerte, pero el regalo de Dios es vida eterna en Cristo Jesús nuestro Señor."

3. Juan 14:6 - "Jesús le respondió: Yo soy el camino, la verdad y la vida. Nadie viene al Padre sino por mí."

4. Mateo 25:41 - "Entonces dirá también a los de la izquierda: Apartaos de mí, malditos, al fuego eterno preparado para el diablo y sus ángeles."

5. Efesios 2:12 - "Recuerden que en ese tiempo

estaban separados de Cristo, excluidos de la ciudadanía de Israel y ajenos a los pactos de la promesa, sin esperanza y sin Dios en el mundo."

6. 2 Tesalonicenses 1:9 - "Ellos sufrirán la pena de la destrucción eterna, excluidos de la presencia del Señor y de la majestad de su poder."

7. Juan 8:24 - "Por eso os dije que moriréis en vuestros pecados; porque si no creéis que yo soy, en vuestros pecados moriréis."

8. Romanos 14:12 - "De manera que cada uno de nosotros dará cuenta de sí mismo a Dios."

9. Hebreos 9:27 - "Y de la misma manera que está establecido que los seres humanos mueran una sola vez, y después de esto viene el juicio."

10. Mateo 7:23 - "Y entonces les declararé: Nunca os conocí; apartaos de mí, hacedores de maldad."

4. El camino hacia la Redención

- Validar nuestra necesidad de perdón y sanación espiritual

Validar nuestra necesidad de perdón y sanación espiritual es un punto de vista serio sobre nuestro crecimiento personal y paz interior. Implica reconocer nuestros errores pasados, heridas y acciones incorrectas, tanto hacia nosotros mismos como hacia los demás. Al enfrentar y aceptar estos problemas, creamos un camino para la sanación y un verdadero cambio de transformación. El perdón nos permite soltar el resentimiento, liberándonos de las malas decisiones del pasado. A través de la sanación espiritual, buscamos alinearnos con Jesús, restaurar nuestras almas y encontrar consuelo en una conexión más profunda con nuestro ser interior. En general, darse cuenta de nuestra necesidad de perdón y sanación espiritual nos abre a cultivar la compasión, restaurar nuestro sentido de bienestar y evolucionar hacia mejores versiones de nosotros mismos.

- Encontrando la gracia y el amor de Jesús en medio de nuestro quebrantamiento

Encontrar la gracia y el amor de Jesús en medio de nuestro quebrantamiento es una experiencia que cambia la vida y profundamente significativa. Es en estos momentos que nos damos cuenta de que, sin importar nuestras fallas y luchas, aún somos amados y aceptados por Jesús. Mediante actos de bondad, perdón y redención, presenciamos el increíble poder del amor y la gracia de Dios para sanar y también traer luz a nuestras vidas. Su amor brilla en los momentos más oscuros, ofreciendo consuelo, guía y esperanza. Al abrazar nuestra debilidad, nos abrimos a recibir la compasión de Dios y encontrar fortaleza en Él para superar obstáculos. Este encuentro trae una profunda sensación de paz y nos prepara en un camino de crecimiento, restauración y, en última instancia, una conexión más profunda con Dios.

- Aceptando el poder transformador del arrepentimiento y la rendición

Aceptar el poder transformador del arrepentimiento y la rendición significa darse cuenta de la capacidad de reconocer errores, buscar perdón y hacer cambios positivos en nuestras vidas. Implica dejar ir nuestro ego y control, y en cambio confiar en el proceso de crecimiento personal y entregarnos a Jesús. Al abrazar estas cualidades, creamos espacio para la sanación, el crecimiento y la transformación positiva en nuestras vidas.

Aquí hay algunos versículos bíblicos sobre el camino hacia la redención:

1. Romanos 3:23-24: "Por cuanto todos pecaron, y están destituidos de la gloria de Dios, siendo justificados gratuitamente por su gracia, mediante la redención que es en Cristo Jesús."

2. Efesios 1:7: "En él tenemos redención por su sangre, el perdón de los pecados, conforme a las riquezas de la gracia de Dios."

3. Colosenses 1:13-14: "El nos ha librado del dominio de las tinieblas y nos ha trasladado al reino de su amado Hijo, en quien tenemos redención, el perdón de los pecados."

4. Efesios 2:8-9: "Porque por gracia sois salvos por medio de la fe; y esto no de vosotros, pues es don de Dios; no por obras, para que nadie se gloríe."

5. Tito 2:14: "quien se dio a sí mismo por nosotros para redimirnos de toda iniquidad y purificar para sí un pueblo propio, celoso de buenas obras."

6. 1 Pedro 1:18-19: "Sabiendo que fuisteis rescatados de vuestra vana manera de vivir, la cual recibisteis de vuestros padres, no con cosas corruptibles, como oro o plata, sino con la sangre preciosa de Cristo,

como de un cordero sin mancha y sin contaminación."

7. Salmo 130:7-8: "Pon tu esperanza en el Señor, oh Israel, porque el Señor tiene amor inagotable y redime a Israel de todas sus iniquidades."

8. Isaías 44:22: "He disipado como una nube tus transgresiones, y como niebla tus pecados. Vuélvete a mí, porque yo te redimí".

9. Apocalipsis 5:9: "Y cantaban un cántico nuevo, diciendo: Digno eres de tomar el libro y de abrir sus sellos, porque tú fuiste inmolado, y con tu sangre nos has redimido para Dios, de todo linaje y lengua y pueblo y nación."

10. Isaías 55:7: "Deje el impío su camino, y el hombre inicuo sus pensamientos; vuélvase al Señor, y tendrá de él misericordia, al Dios nuestro, que será amplio en perdonar".

5. El Camino de Regreso a Cristo

- 6 Pasos hacia la renovación y restauración espiritual

1. Auto-reflexión: Tómate tiempo para reflexionar sobre ti mismo y evaluar tu vida espiritual actual. Reflexiona sobre tus valores, creencias y áreas de tu vida que necesitan mejora.

2. Establecer propósito: Define tu propósito y metas para tu camino espiritual. Establece intenciones claras que te guíen en tu camino hacia la renovación.

3. Práctica de gratitud: Cultiva una actitud de gratitud reconociendo y apreciando las bendiciones que Dios te ha dado. Esta práctica fortalece la conexión con

tu propio ser interior y te ayuda a mantener el enfoque y permitir que el Espíritu Santo tenga el control.

4. Participación en prácticas espirituales: Explora diferentes actividades de la iglesia que resuenen contigo, como la oración, la vigilia o la lectura de la palabra de Dios. Vuelve a tu primer amor y trata de mantener el fuego de Dios vivo en ti.

5. Buscar orientación espiritual y apoyo: Considera buscar orientación espiritual de líderes espirituales de tu iglesia o mentores. Rodéate de cristianos que estén en fuego con Dios y que te animen a ser mejor. Encuentra personas que puedan apoyar y fomentar tu crecimiento espiritual.

6. Dejando ir las energías negativas: liberarse de cualquier emoción negativa, el odio o cosas viejas que obstaculizan tu vida espiritual. El perdón, la aceptación y el desapego pueden ayudar en la sanación y la restauración.

- Superando la vergüenza, la culpa y la duda en nuestro regreso a Cristo

Superar la vergüenza, la culpa y la duda en nuestro regreso a Cristo es un proceso personal de perdón y de recibir el amor y la gracia de Cristo. Implica darse cuenta de nuestros errores pasados y las emociones negativas que pueden haber causado, pero también comprender que Cristo ofrece redención y un nuevo comienzo. Al reconocer y aceptar nuestra vergüenza, culpa y duda, podemos buscar activamente el perdón de Dios, liberarnos de estas cargas y reemplazarlas con fe, esperanza y un renovado sentido de propósito a través de Jesús. Es importante recordar que todos experimentamos estas emociones en algún momento de nuestras vidas, y al acudir a Cristo, podemos encontrar la fuerza y la guía necesarias para superarlas e incluir plenamente una vida de crecimiento espiritual y realización.

- Encontrando esperanza, propósito y paz en una relación restaurada con Jesús

Encontrar esperanza, propósito y paz en una relación restaurada con Jesús se refiere al camino de reconexión con la fe y la espiritualidad. Implica buscar orientación y fuerza en Dios, lo que conduce a un renovado sentido de esperanza, encontrando tu propósito en la vida y experimentando una paz verdadera en tu interior. Este proceso a menudo incluye la oración, la auto-reflexión, el estudio de la biblia, asistir a los servicios de la iglesia y asimilar las enseñanzas de Jesús. Restaurar una relación con Cristo puede brindar consuelo.

Aquí hay algunos versículos bíblicos que hablan sobre el camino de regreso a Cristo:

- Isaiah 43:18-19 - "Forget the former things; do not dwell on the past. See, I am doing a new thing! Now it springs up; do you not perceive it? I am making a way in the wilderness and streams in the wasteland."

- 2 Corinthians 5:17 - "Therefore, if anyone is in Christ, the new creation has come: The old has gone, the new is here!"

- Jeremiah 29:13 - "You will seek me and find me

when you seek me with all your heart."

- Proverbs 3:5-6 - "Trust in the LORD with all your heart and lean not on your own understanding; in all your ways submit to him, and he will make your paths straight."

- Psalm 51:10 - "Create in me a pure heart, O God, and renew a steadfast spirit within me."

1. Lucas 15:20 - "Y levantándose, vino a su padre. Pero mientras aún estaba lejos, su padre lo vio y se compadeció de él, y corrió, se echó sobre su cuello y lo besó." Este verso proviene de la parábola del hijo pródigo y resalta el amor incondicional y el perdón que Dios ofrece a aquellos que se vuelven hacia Él.

2. Santiago 4:8 - "Acérquense a Dios, y él se acercará a ustedes." Este verso nos anima a dar el primer paso para regresar a Cristo acercándonos a Él. Nos recuerda que mientras lo buscamos, Él también nos buscará activamente.

3. 1 Juan 1:9 - "Si confesamos nuestros pecados, él es fiel y justo para perdonarnos nuestros pecados y limpiarnos de toda maldad." Este verso nos recuerda que el arrepentimiento y la confesión de nuestros pecados son esenciales en el camino de regreso a Cristo. La fidelidad y justicia de Dios nos permiten recibir su perdón y ser restaurados en una relación correcta con Él.

4. Mateo 11:28-30 - "Vengan a mí todos los que están cansados y agobiados, y yo les daré descanso. Tomen mi yugo sobre ustedes y aprendan de mí, porque soy apacible y humilde de corazón, y encontrarán

descanso para sus almas. Porque mi yugo es suave y mi carga es liviana." Este verso invita a aquellos que están cargados por sus pecados o los desafíos de la vida a venir a Jesús. Asegura que Él proporcionará descanso y guía en nuestro viaje de regreso a Él.

5. Salmo 51:10 - "Crea en mí, oh Dios, un corazón limpio, y renueva un espíritu recto dentro de mí". Este verso refleja la oración sincera de una persona que busca la restauración con Dios. Enfatiza la necesidad de una transformación interna y renovación al regresar a Cristo.

Recuerda, estos versículos brindan orientación y aliento, pero es importante estudiar toda la Biblia y buscar la sabiduría y comprensión de Dios en tu viaje personal de regreso a Él.

6. Las Consecuencias de Regresar a Cristo

- Vivir una vida basada en la fe, el amor y la compasión

Vivir una vida basada en la fe, el amor y la compasión significa que tus acciones y decisiones están conectadas a tus creencias, valores y empatía hacia los demáss. Implica tener una fuerte creencia en Cristo, que sirve como fundamento para tus pensamientos y acciones.

La fe en Cristo juega un papel importante en dar forma a tu vida, proporcionando esperanza, propósito y orientación. Puede implicar confiar en Dios y en las enseñanzas de Jesús.

Vivir una vida basada en la fe, el amor y la compasión implica buscar el crecimiento personal y ser una bendición para los demás. Involucra tomar decisiones que se alinean con el propósito de Dios para ti y buscar oportunidades para llevar luz, alegría y apoyo a quienes te rodean.

- La libertad que se encuentra al rendirse a la voluntad de Dios

La libertad que se encuentra al rendirse a la voluntad de Dios es comprender que hay un Dios que guía y dirige nuestras vidas. Forma parte de soltar nuestros propios deseos, planes y expectativas, y en cambio confiar en el plan perfecto y la sabiduría de Dios. Al rendirnos, encontramos liberación de la carga de tratar de controlar los resultados y podemos experimentar una profunda paz, propósito y satisfacción. Es la realización de que la voluntad de Dios es en nuestro mejor interés y abrazarla nos permite vivir con una libertad, autenticidad y alegría renovadas.

- El poder transformador de la gracia y la vida abundante en Cristo

El poder transformador de la gracia se refiere a la increíble capacidad de la gracia, un favor divino innecesario, para generar cambios positivos y significativos en nuestras vidas. A través de la gracia, las personas pueden experimentar el perdón, la redención y un renovado sentido de propósito.

La vida abundante en Cristo es un concepto derivado de las enseñanzas de Jesús. Se refiere a una vida caracterizada por la plenitud espiritual, la alegría y una profunda conexión con Dios. Esta vida abundante incluye experimentar el amor y la gracia de Dios en su plenitud, tener una sensación de paz y contentamiento, y vivir en armonía con los demás.

Juntos, el poder transformador de la gracia y la vida abundante en Cristo resaltan el increíble potencial para el crecimiento personal, la renovación espiritual y una existencia verdaderamente satisfactoria que se encuentra a través de una relación con Jesús. Enfatiza que a través de la gracia, las personas pueden encontrar sanidad, restauración y un renovado propósito en la vida, lo que finalmente lleva a una vida de abundancia y plenitud.

Aquí tienes algunos versículos bíblicos sobre las consecuencias de regresar a Cristo:

1. 2 Crónicas 7:14: "Si se humilla mi pueblo, sobre el cual mi nombre es invocado, y oran, y buscan mi rostro, y se convierten de sus malos caminos; entonces yo oiré desde los cielos, perdonaré su pecado y sanaré su tierra."

2. Jeremías 15:19: "Por tanto, así dice el Señor: Si vuelves, yo te restauraré y ante mí estarás; si separas lo precioso de lo vil, serás como mi boca. Vuelvan ellos hacia ti, pero tú no vuelvas hacia ellos."

3. Ezequiel 18:21-23: "Pero si el impío se aparta de todos los pecados que ha cometido, guarda todos mis estatutos y practica el derecho y la justicia, ciertamente vivirá y no morirá. Ninguna de las transgresiones que ha cometido será recordada contra él; por la justicia que ha practicado, vivirá. ¿Acaso me complazco yo en la muerte del impío? —declara el Señor omnipotente—. ¡Al

contrario, no deseo sino que se aparte de su conducta y viva!"

4. Hechos 3:19: "Por tanto, arrepiéntanse y vuélvanse a Dios, para que sus pecados sean borrados,"

5. Santiago 4:8-10: "Acérquense a Dios, y él se acercará a ustedes. Límpiense las manos, pecadores; purifiquen su corazón, ustedes los de doble ánimo. Sientan dolor, lloren y lamenten. Cambien su risa por llanto y su alegría por tristeza. Humíllense delante del Señor, y él los exaltará."

Estos versículos resaltan la importancia de la humildad, el arrepentimiento y el alejamiento de los caminos pecaminosos. También prometen perdón, restauración y una relación cercana con Dios para aquellos que elijan volver a Él.

Conclusion:

En este libro de 10 páginas, hemos explorado las consecuencias de alejarse y luego regresar a Cristo. Hemos examinado el anhelo profundo de propósito y plenitud que nos impulsa a buscar significado en diversas áreas, solo para encontrar satisfacción temporal y vacío final. Sin embargo, el camino de regreso a Cristo trae redención, restauración y una vida llena de propósito divino. Que este libro inspire y anime a aquellos que se han alejado a regresar al amoroso abrazo de Cristo, experimentando verdadera libertad, gozo y la vida abundante que solo Él puede ofrecer.

<u>**Primer libro de las series "De Las Calles al Altar"**</u>